Colin découvre la confiance

Conception et illustrations : Patrick Arguin
Collaboration et textes : Michèle Rappe
Support, coaching et collaboration : Hélène Beaudette

Pour avoir permis à OUTILS POUR LA VIE de voir le jour par sa présence bienveillante et son support inconditionnel, j'offre à Hélène Beaudette toute ma joie et ma gratitude. Mille fois merci !!

La tempête fait rage!
Le vent secoue furieusement les grands chênes
du jardin et tout à coup... un gland se détache
et est propulsé très loin de chez lui.

Dans sa course, le gland s'est fracassé sur une pierre, et la graine qu'il contenait s'est échappée. Heureusement, maman la Terre l'accueille et l'enveloppe de son amour.

La petite graine est bien contente. Maman la Terre la nourrit et papa Soleil réchauffe le sol. Il est temps de se choisir un nom : ce sera Colin, décide la petite graine.

Papa Soleil et maman la Terre accompagnent Colin dans sa croissance et l'enveloppent de leur douce présence et de soins attentifs.

– Plus je grandis, plus je m'éloigne de maman la Terre, remarque Colin. Grandir fait parfois un peu peur !

Colin est inquiet et ne peut dormir.
Il se demande ce qui se passe
quand on devient un grand chêne.

– Que va-t-il m'arriver ? dit-il à la
Lune toute ronde dans le ciel.

La Lune a entendu Colin et lui répond :
– À l'intérieur de ton coeur, il y a un
sage pour t'accompagner et t'aider.

– Je n'ai jamais vu de sage, s'inquiète Colin,
et je ne sais pas comment le trouver...
– Je vais t'expliquer, dit la Lune avec douceur.

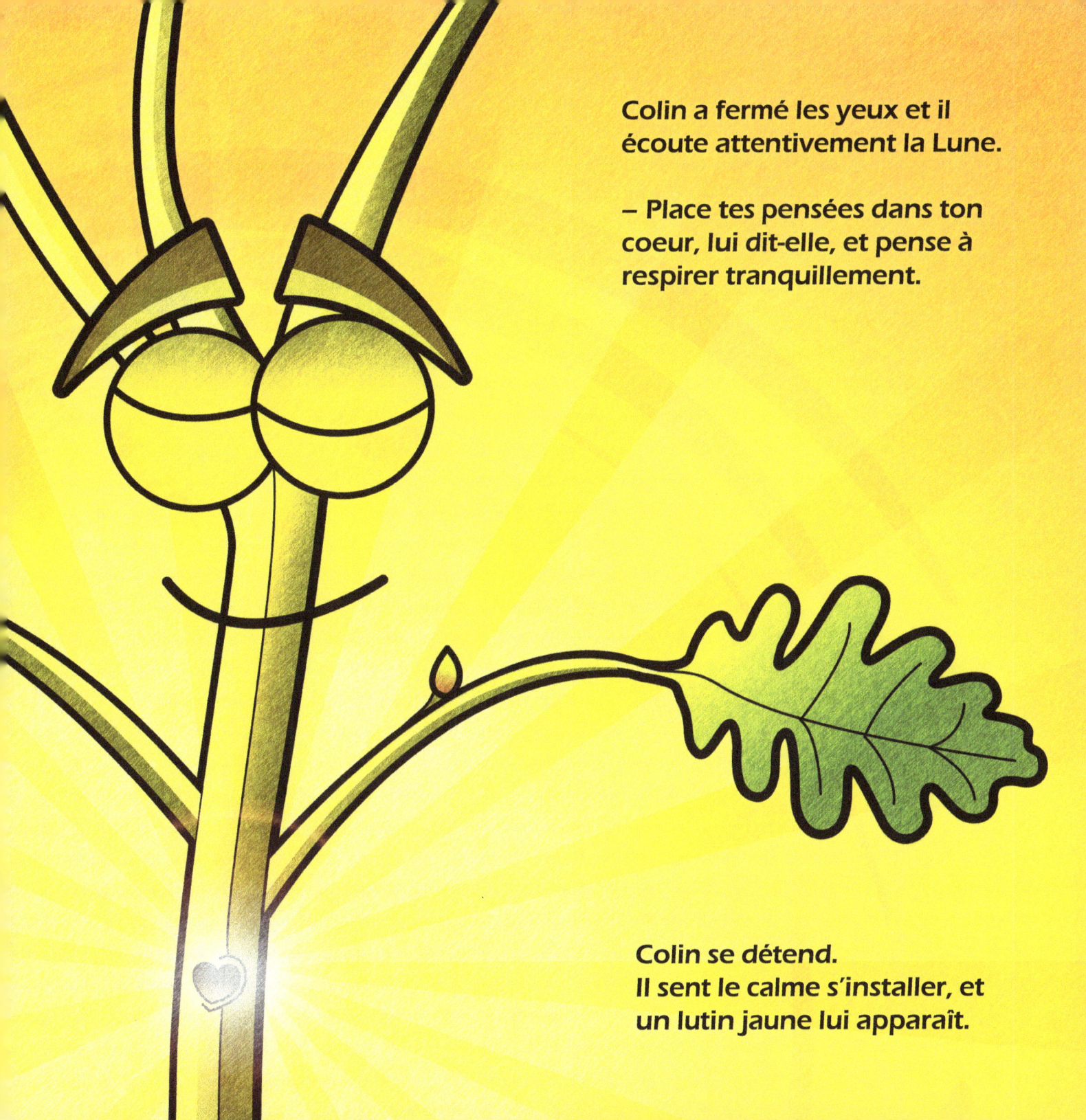

Colin a fermé les yeux et il écoute attentivement la Lune.

– Place tes pensées dans ton coeur, lui dit-elle, et pense à respirer tranquillement.

Colin se détend.
Il sent le calme s'installer, et un lutin jaune lui apparaît.

— Vois-tu Colin, explique le lutin, à l'intérieur de
ton coeur il y a beaucoup d'amour et de force.
Cela circule à l'intérieur de toi, comme ta sève.

Colin ressent un grand bien-être et il a
l'impression qu'une belle lumière jaune l'habite.

– Maintenant, poursuit le lutin, imagine que tu vois le bout de tes racines. Elles sont solidement ancrées dans le sol et en contact avec l'amour de maman la Terre. Colin perçoit ses racines et toute la force qui circule en lui.

Tu peux sentir cette solidité chaque fois que tu en as besoin, dit encore Jaune. C'est cela qui te donnera la confiance pour grandir.

Colin a grandi et est devenu un beau chêne. Régulièrement, il retourne dans son coeur pour retrouver Jaune et pour contacter son bien-être et sa confiance en lui.

Un matin, les oiseaux affolés passent devant Colin.
Un vent terrible se lève à l'autre bout du jardin,
crient-ils en se sauvant... Colin frémit. Il voit le vent
déchaîné qui approche et il sent monter la peur.

Il ferme les yeux, descend dans son coeur
et contacte toute sa force et sa confiance.
– J'ai des racines solides, se dit alors Colin,
et je ne peux pas m'envoler !

Quand le vent arrive, Colin le regarde sans crainte. Il bouge un peu sous les bourrasques, mais il a confiance dans la force de ses racines. Il est fier de lui.

Le temps a passé. Dans le jardin, un chêne se balance doucement.
Il ne craint ni les vents menaçants ni les orages. C'est Colin qui étend
ses branches vers papa Soleil et ses racines vers maman la Terre.

Rappelle-toi...

Est-ce normal d'avoir peur et d'être inquiet?

Bien sûr... Cela arrive même aux grandes personnes! Mais plus la confiance grandit en toi, moins il y a de place pour la peur et les inquiétudes.

Comment la confiance peut-elle grandir en moi?

En toi se trouvent de la force et du courage… mais parfois, il arrive que tu l'oublies ou que tu crois qu'il n'y en a plus. C'est en te rappelant que ce trésor est toujours en toi que tu peux faire grandir ta confiance. Cela t'aidera à devenir aussi solide qu'un arbre qui fait confiance à ses racines même en pleine tempête.

Puis-je me faire des racines comme un arbre?

Absolument! Les yeux fermés, respire doucement, et imagine des racines à partir de ton ventre qui vont dans la Terre. Imagine la force qui remonte en toi, des pieds à la tête, comme la sève d'un arbre. Tu peux faire tes racines à tout moment de la journée!

La collection de livres

Outils pour la vie
Pour la confiance et l'estime de soi

1 **Papa Soleil et maman la Terre créent la vie**
La respiration/Garder ou retrouver son rythme

Respirer est essentiel à la vie; bien respirer est un formidable outil pour retrouver le calme et la paix en étant à l'écoute de son corps et de son rythme personnel.

2 **Grujo et l'arc-en-ciel intérieur**
La méditation/Retrouver son calme intérieur

En chacun, il y a un havre de paix et de sagesse; la méditation est un outil pour établir ou rétablir le contact avec cet espace personnel.

3 **Colin découvre la confiance**
L'enracinement/
Développer la confiance et la force

Grandir est une succession d'étapes importantes qui s'accompagnent parfois d'hésitations et de peurs; la confiance en soi solidifie la base, les racines…

4 **Colin, Grujo et l'amitié**
La connaissance de soi/Aimer et apprécier

Établir des relations saines avec les autres suppose que la confiance en soi et l'estime de soi soient de plus en plus présentes; apprendre à s'apprécier est un cadeau pour la vie.

5 **Le choix...**
Le discernement/Être à l'écoute de soi

Apprendre à écouter la petite voix intérieure et à lui faire confiance, c'est apprendre à garder son cap dans toutes les situations.

6 **Le courage de Colin**
L'affirmation/Se faire confiance

S'affirmer n'est pas s'opposer, mais s'appuyer, avec confiance, sur l'estime de soi pour prendre sa place et la conserver dans le respect de soi et des autres.

7 **Trop... c'est trop !**
Le respect de soi/Oser être soi-même

Établir une bonne communication implique aussi d'exprimer ses émotions et son état d'être de façon adéquate. Cela ressemble, parfois, à un défi !

8 **Grujo retrouve son bien-être**
La responsabilisation de soi/
Encourager l'autonomie

Grandir, c'est aussi apprendre à gérer ses émotions, acquérir de plus en plus d'autonomie et également se responsabiliser.

Pour la confiance et l'estime de soi

Conçus spécialement pour les petits, les ateliers sont l'occasion d'explorer en groupe les différentes thématiques abordées dans les histoires de la collection Outils pour la vie. Accessibles et variés, ils permettent d'outiller l'enfant afin qu'il puisse mieux se connaître et renforcer sa confiance et son estime de soi.

La méditation...

Élément-clé des ateliers, la méditation est un merveilleux outil d'autorégulation physiologique, mentale, et émotionnelle que les enfants peuvent apprendre facilement.

Pour en savoir plus, consultez le site Internet :
www.outilspourlavie.com

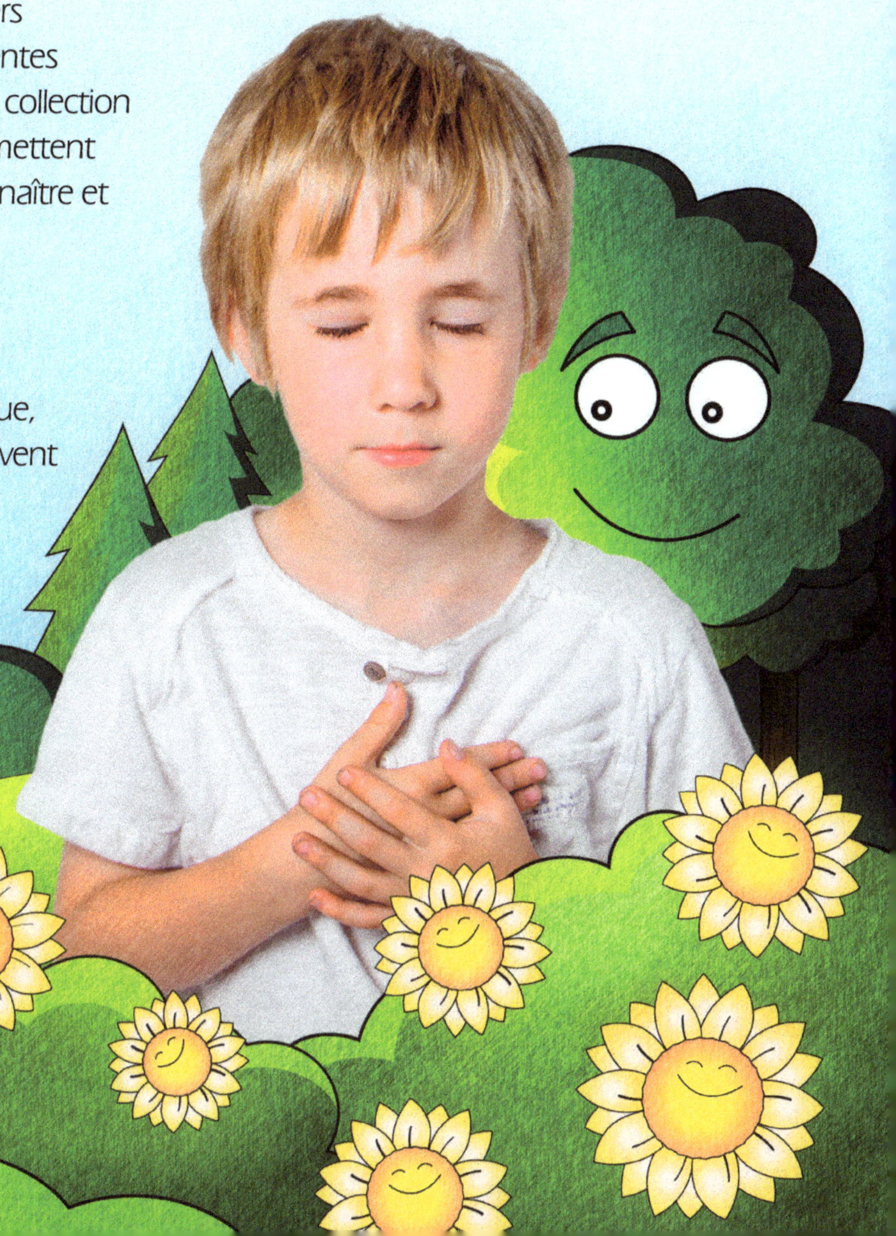

www.ingramcontent.com/pod-product-compliance
Lightning Source LLC
Chambersburg PA
CBHW041158120626
46547CB00020B/3253